少林武术精粹系列丛书

少林刀术（二）

德虔　德炎　编著

北京体育大学出版社

责任编辑：孙运娟
责任校对：潘海英
版式设计：李　鹤

图书在版编目（CIP）数据

少林刀术. 二 / 德虔, 德炎编著. -- 北京 : 北京体育大学出版社, 2022.1
（少林武术精粹系列丛书）
ISBN 978-7-5644-3591-2

Ⅰ. ①少… Ⅱ. ①德… ②德… Ⅲ. ①少林武术－刀术(武术)－套路(武术) Ⅳ. ①G852.22

中国版本图书馆CIP数据核字(2022)第007631号

少林刀术（二）
SHAOLIN DAOSHU(ER)
德虔　德炎　编著

出版发行：北京体育大学出版社
地　　址：北京海淀区农大南路1号院2号楼2层办公B-212
邮　　编：100084
网　　址：http://cbs.bsu.edu.cn
发 行 部：010-62989320
邮 购 部：北京体育大学出版社读者服务部 010-62989432
印　　刷：北京昌联印刷有限公司
开　　本：880mm × 1230mm　　1/32
成品尺寸：148mm × 210mm
印　　张：2.5
字　　数：49千字
版　　次：2022年1月第1版
印　　次：2022年1月第1次印刷
定　　价：13.80元

前言

武术作为中国的国粹，是中华民族传统文化的组成部分。家喻户晓的少林武术便是其中极具代表性的门类，是中国武术的重要象征。

我社与少林武术结缘已久，伴随着时光的流逝，有多种内容、多样组合、各种形式的载有少林武术的出版物，源源不断地从我社注入市场，为方兴未艾的少林武术热潮平添了更高的热度。可以说，少林武术图书一直与我社相伴相随，成为我社具有长期出版价值的图书门类。其中，少林武术图书的编纂者——已故的王长青（法号释德虔）先生功不可没。他经年累月锲而不舍，寻于寺院、觅于乡间，挖掘出大量尘封的少林武术资料，继而分门别类梳理、整饬成一册册书稿，并与我社携手努力，打造出独树一帜的武术图书板块，为我社的武术图书出版打开了新局面。

今天，在着力弘扬中华优秀传统文化，树立和增强文化自信的大背景下，我社将以往出版的少林武术书籍重新进行了编排，以全新的面貌推出“少林武术精粹系列丛书”，这是我社多年来少林武术出版情结的延续，是对积累和沉淀的少林武术资源的再一次整合与展示，更紧密契合了时代的要求。

通过这套书，读者可以研习刚柔相济、闪转腾挪的少林功夫，可以感悟其中凝结的中华智慧，可以领略武术文化的博大精深……这便是我社对这套书出版价值的期待。

目 录

二路梅花刀

动作名称

预备势
1.白云盖顶
2.腋下藏花
3.回头望月
4.腋下藏花
5.白鹤亮翅
6.云　顶
7.怀抱琵琶
8.左右舞花
9.燕子钻云
10.左右云顶
11.武松藏刀
12.穿心刀
13.鹞子翻身
14.穿心刀
15.云　顶
16.怀抱琵琶
17.磨盘刀
18.云　顶
19.武松藏刀
20.分心刺
21.翻云覆雨
22.左右穿心
23.云　顶
24.怀抱琵琶
25.云　顶
26.平心刺
27.单扇风
28.旋风脚
29.鹞子翻身
30.平心刺
31.云　顶
32.武松藏刀
33.平心刺
34.大滚身
35.金鸡独立
36.燕子掠水
37.抛刀接刀
38.坐山势
收　势

动作图解

预备势

两脚并立，身体挺直，左手抱刀，刀背贴臂，刀刃向前，刀尖向上，右手成掌，附于右大腿外侧，目视前方。（图1）

接上动作，右掌由下向上再向内画弧，然后变拳，抱于腰间，目视左侧。（图2）

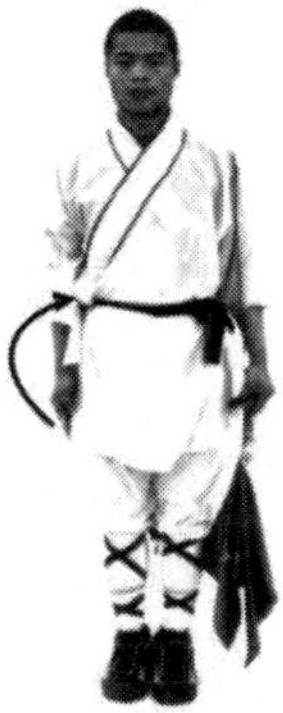

图 1

图 2

1.白云盖顶

抬右脚向前上半步，再抬左脚向前上一步，两腿微屈，成左虚步，同时左手握刀向内画弧，然后落回原处，右拳变掌，由下向上再由内向外画弧，架于头上前方，目视左侧。（图3）

2.腋下藏花

左脚向左跨半步，身体左转90度，右脚向前震脚，与左脚成并步，两腿半蹲，同时刀随身向左转，屈肘抬把，右掌由上向下，向

左屈肘插掌，落于左腋下，掌心向上，目视前下方。（图4）

图 3

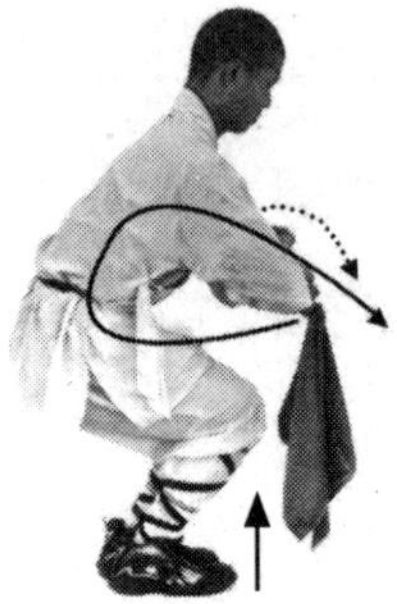

图 4

3.回头望月

右脚震脚，落回原处，同时右手由下向外撩打，然后向内屈肘插掌，落于左肘之上，目视下方。（图5）

接上动作，右脚后退一步，身体右转90度，两腿成右弓步，同时右掌随身向右上方画弧架掌，左手持刀伸臂，目视左后方。（图6）

图 5

图 6

4.腋下藏花

身体左转90度，抬右脚向前上一步，震脚，与左脚成并步，两腿半蹲，同时左手持刀随身向右，屈肘抱刀，右臂向左屈肘，右掌藏于左腋下，目视前下方。（图7）

接上动作，抬右脚向前上一步，再震脚一次，左脚跟上，与右脚成并步，同时右手向外撩打，然后向内屈肘插手，右掌落在左肘上，目视右手。（图8）

图 7

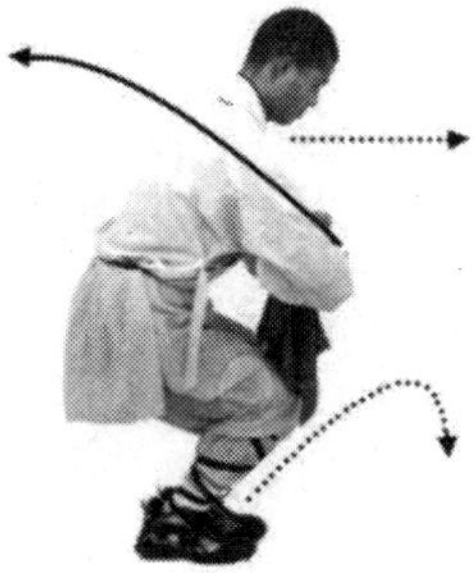

图 8

5.白鹤亮翅

右脚不动，左腿向前提膝，两臂同时向两侧伸展，高与肩平，目视前方。（图9）

6.云　顶

左脚下落于右脚前一步，右手与握刀左手在头上会合，右手接刀，目视前方。（图10）

图 9

图 10

接上动作，右脚向前上一步，右手持刀由头上向后云旋，然后由后向前向左撩刀，落于左腰侧，左掌架于头上左侧，目视前方。（图11）

接上动作，左脚向前上半步，身体右转180度，然后抬右脚向后倒半步，同时右手持刀随身云旋于头上，左手向上与右手相扶刀把，目视前方。（图12）

图 11

图 12

7.怀抱琵琶

右脚向右跨半步，身体右转90度，两腿成右弓步，同时双手抱刀，由后向前掤肘架刀，刀尖向左，目视左后侧。（图13）

8.左右舞花

身体左转90度，两腿成左弓步，两手持刀协力由右上方向左上方撩刀，目视右前方。（图14）

图 13

图 14

接上动作，右脚向前上一步，右手由左上方向右下方撩刀，目视右前方。（图15）

接上动作，上左脚向右撩刀，然后上右脚向左撩刀，先后交替抡刀花。

9.燕子钻云

抬两脚向前向上跳跃，同时右手持刀向前向上弹刺，当全身腾空时，右脚向上弹踢刀体，目视前方。（图16）

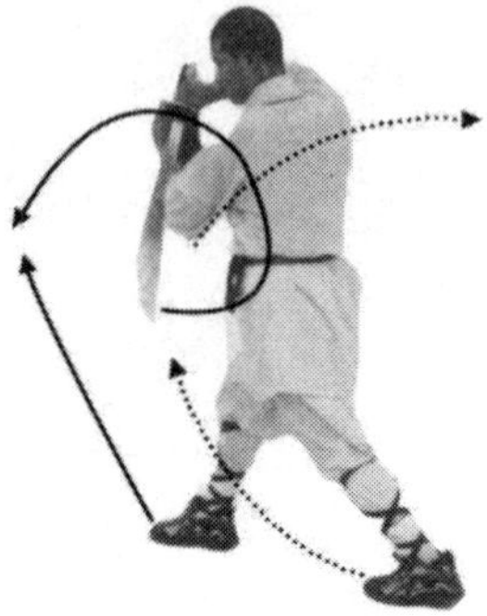

图 15

图 16

10.左右云顶

右脚下落于左脚前一步，右手持刀由右向左绕头旋一周，目视前方。（图17）

接上动作，左脚向前上一步，同时右手由右向左后方撩刀，左掌上架于头上左侧，目视前方。（图18）

图 17

图 18

11.武松藏刀

以两脚为轴，身体右转180度，两腿成拖步，同时右手持刀随身由右向左绕头旋一周，左手向内，屈肘亮掌，停于右腋外，目视前方。（图19）

接上动作，抬左脚向前上一步，两腿微蹲，成左虚步，同时右手由上向右下方撩刀，刀刃向后下方，刀尖停于右膝旁，左臂屈肘，左掌向前推出，掌心向前，目视左手。（图20）

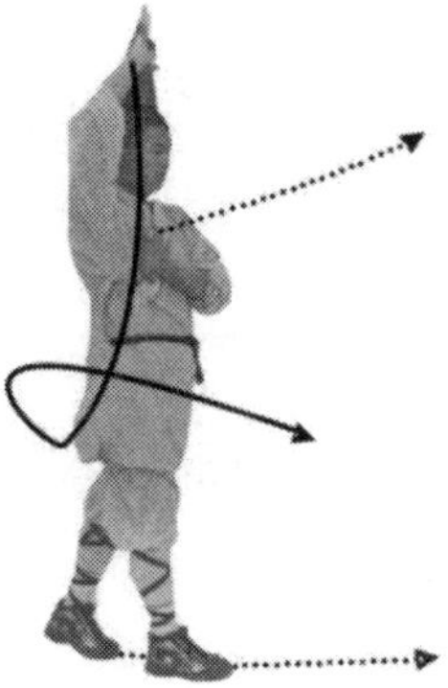

图 19

图 20

12.穿心刀

左脚向前上半步，两腿成左弓步，同时右手持刀向前平刺，刀刃向下，左臂向内屈肘，左手护于右臂内侧，目视刀尖。（图21）

图 21

13.鹞子翻身

右脚向前上一步，速抬左脚，再抬右脚向左转身（360度）跳步，使全身腾空，目视前方。（图22）

接上动作，两脚落地后，右脚向前上步，身体左转90度，两腿屈膝，成马步，同时右手持刀向右侧横劈，然后竖刀，目视右侧。（图23）

图 22

图 23

14.穿心刀

两脚向右转身180度跳步，左脚落于左侧，仆地伸直，两腿成左仆步，同时右手持刀向右返左抡两个舞花，然后向后展臂藏刀，左手向左侧下方掠掌，目视左手。（图24）

接上动作，起身，身体左转90度，两腿成左弓步，同时右手持刀向前平刺，刀刃向下，左臂屈肘，左掌护于右臂内侧，目视刀尖。（图25）

图 24

图 25

15.云　顶

右脚向前上一步，两腿成拖步，同时右手持刀由右向左绕头返前云旋，目视前方。（图26）

接上动作，左脚向前上一步，右手持刀由头上向右再向左腰后搂刀，左手由胸前向上翻掌架于头上方，掌心向上，目视前方（图27）；接上动作，两脚踝地，身体右转180度，同时右手持刀由左向右向上绕头云旋，左臂屈肘，左掌护于右腋下，目视前方（图28）。

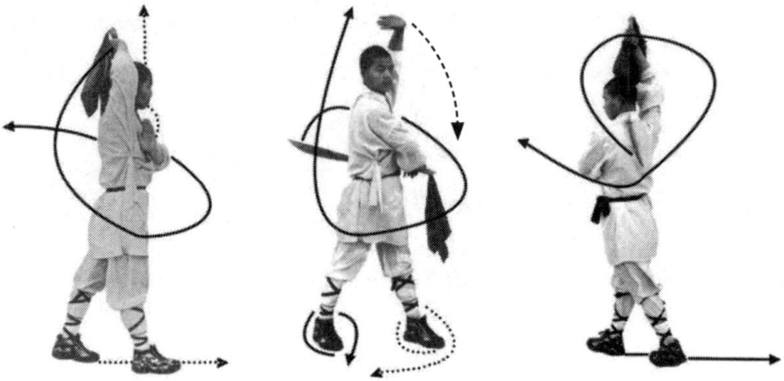

图 26　　图 27　　图 28

16.怀抱琵琶

右脚向右跨一步，两腿成右横弓步，同时左手扶右手持刀把向右侧挪肘抱刀，目视左侧。（图29）

17.磨盘刀

身体左转90度，右脚向前上一步，身体再左转90度，抬左脚移于右脚后外侧，两腿成叉步，同时右手持刀向右侧平刺，左掌上架于头上前方，目视刀尖。（图30）

接上动作，以两脚为轴，身体左转360度，两腿仍成叉步，同时右手持刀随身向左抹一周，刀刃向前，刀尖向右，左手随势展臂亮掌，目视刀尖。（图31）

图 29

图 30

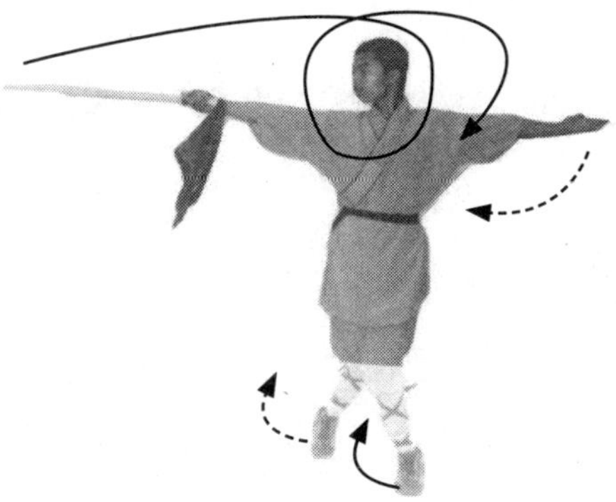

图 31

18.云　顶

两脚不动，身体右转90度，两腿成拖步，同时右手持刀由右向左绕头云旋，然后倒背于背后，刀刃向后，刀尖向下，左臂屈肘，左掌护于右腋下，目视前方。（图32）

接上动作，右脚向前上一步，同时右手向下向左腰后方撩刀，左掌上架于头上前方，目视前方。（图33）

图 32

图 33

19.武松藏刀

左脚向前上一步，身体右转180度，右脚向后倒一步，同时右手持刀随身由右向左绕头旋一周，收于左腋下，刀刃向下，刀尖向后，左臂屈肘，左掌护于右腋下，目视前方。（图34）

接上动作，右脚向后倒半步，两腿微蹲，成左虚步，同时右手由前向后甩臂抖刀，使刀尖平膝，左掌向前推出，目视左手。（图35）

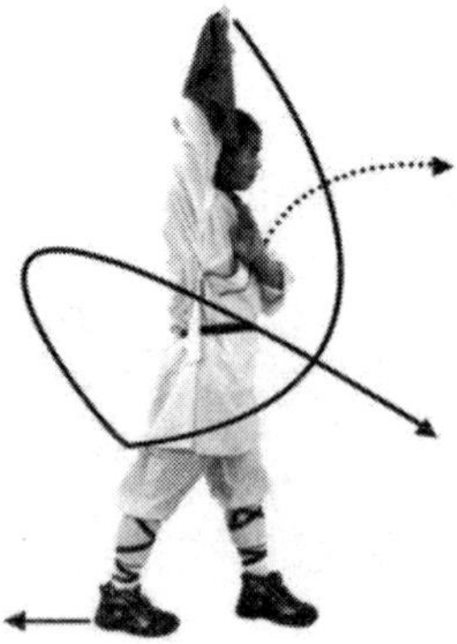

图 34

图 35

20.分心刺

右脚向前上一步，两腿成右弓步，同时右手持刀由后向前直刺，左手向后，展臂摆掌，目视刀尖。（图36）

21.翻云覆雨

左脚向前上一步，两腿成左弓步，同时右手由前向下向后向上画弧举臂架刀，高于头，刀尖斜向下，左掌向前推出，掌心朝前，掌指向右，目视左手。（图37）

图 36

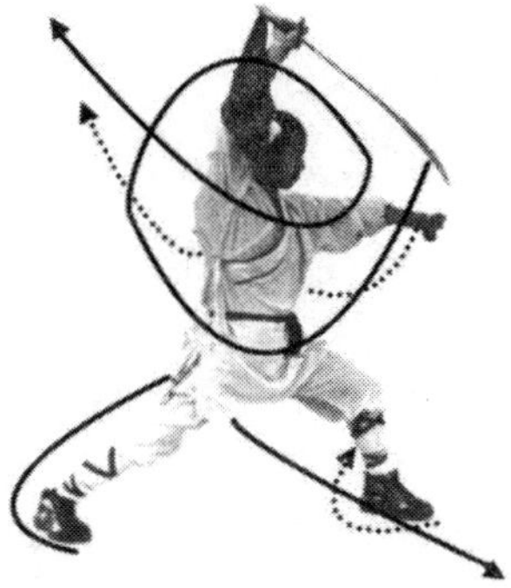

图 37

接上动作，以两脚为轴，身体右转180度，右脚向后倒一步，两腿成左弓步，同时右手随身由前向下向后再向上举臂架刀，高于头，刀尖斜向下，左掌向前推出，掌指向右，目视左手。（图38）

接上动作，身体右转180度，右脚后倒一步，两腿成左弓步，同时右手由上向后向下再返前向上举臂架刀，高于头，刀尖斜向下，左掌向前推出，掌指向右，目视左手。（图39）

图 38

图 39

22.左右穿心

两脚向左转身180度跳步，右脚落于左脚前，同时右手持刀随身向前平刺，左臂向内屈肘，左掌护于右腋前，目视刀尖。（图40）

接上动作，身体左转90度，同时右手持刀向前平刺，左臂屈肘，左掌护于右腋下，目视刀尖。（图41）

图 40

图 41

23.云　顶

右脚向前上一步，同时右手持刀由前向下再向后返上绕头云旋，左臂屈肘，左掌护于右腋下，掌指向上，目视前方。（图42）

接上动作，左脚向前上一步，身体右转180度，右脚后退一步，同时右手持刀随身由左后方向上向前绕头云旋，左手上扶刀柄，目视前方。（图43）

图 42

图 43

24.怀抱琵琶

以两脚为轴，身体右转90度，右脚向右跨半步，两腿成右横弓步，同时右手由右向下再向右撩刀，然后左手扶刀把，向右侧掤肘架刀，高与肩平，刀尖向左，目视左侧。（图44）

图 44

25.云　顶

以两脚为轴，身体左转90度，抬右脚向前上一步，右手随身向头上云刀，然后由上向下向左云刀，刀与腰平，刀尖向后，左手向上，举臂亮掌，目视前方。（图45）

接上动作，左脚向前上一步，右手持刀由后向前向右再向上返后往前在头上云旋一周，然后右手垂臂沉刀，左手向上，举臂亮掌，目视前方。（图46）

图 45

图 46

26.平心刺

右脚向前上一步，两腿成右弓步，同时右手持刀由后向前平刺，左手向后，展臂摆掌，目视刀尖。（图47）

27.单扇风

右脚向后收半步，右手持刀由前向后再由后向前反复挽花五次，左臂向内屈肘，左掌护于右腋前，目视刀背。（图48）

图 47

图 48

28.旋风脚

接上动作，右手持刀挽花后，刀背在右臂后，目视前方。（图49）

接上动作，两脚向左转身180度跳步，当全身腾空时，出左掌拍击右脚面，目视前方。（图50）

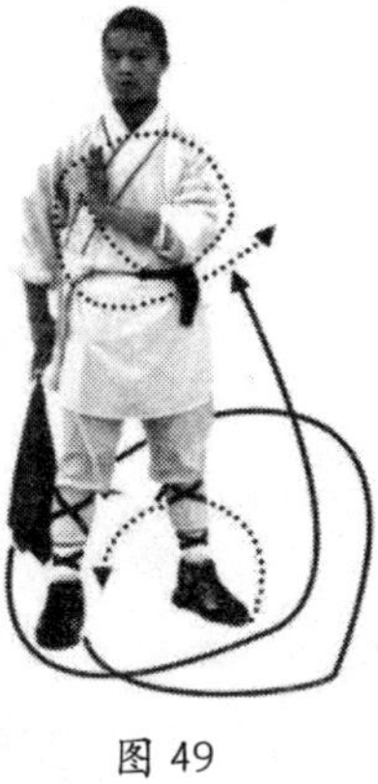
图 49

图 50

29.鹞子翻身

两脚落地后，再速抬右脚向左转身90度跳步下蹲，两腿成左

仆步，同时右手持刀由后向前舞花，然后向右掤肘抽刀，左掌向左掠，目视左掌。（图51）

30.平心刺

起身，右脚随身向前上半步，两腿成拖步，同时右手持刀向前平刺，左臂向内屈肘，左手护于右腋前，目视刀尖。（图52）

图 51

图 52

31.云　顶

两脚向前稍滑寸步，同时右手持刀由右向左绕头云旋，目视前方。（图53）

右手由上向左下方拦腰搂刀，左手举臂架掌于头上前方，目视前方。（图54）

接上动作，以两脚为轴，身体右转180度，两腿成拖步，同时右手持刀随身由左向右后方再向左裹脑云旋，左臂向内屈肘，左掌护于右腋前，目视前方。（图55）

图 53

图 54

图 55

32.武松藏刀

左脚向前上一步，两腿微蹲，成左虚步，同时右手由上向前再往后下方拉刀，刀尖与右膝相平，左掌向前推出，目视左手。（图56）

33.平心刺

左脚向前上半步，两腿成左弓步，同时右手持刀向前直刺，刀尖向前，刀刃向下，左手向后甩臂撩掌，目视刀尖。（图57）

图 56

图 57

34.大滚身

右脚向前上一步，两脚向左翻身360度跳步，刀随身撩，左手向左甩臂摆掌，目视前方。（图58）

接上动作，两脚落地后，两腿屈膝半蹲，成马步，同时右手随身向右侧劈刀，左臂屈肘，左手护于右手腕部，目视刀尖。（图59）

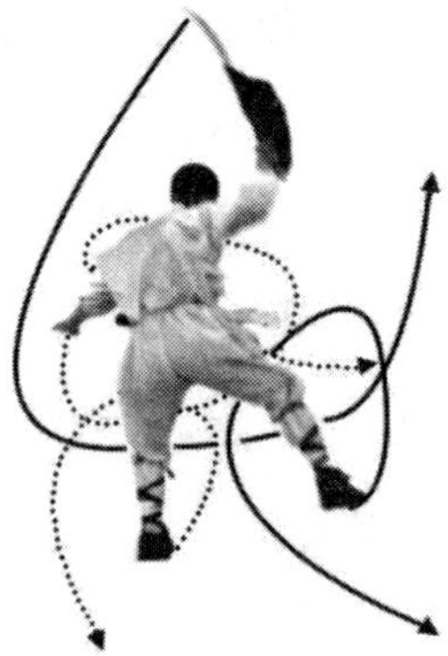

图 58

图 59

35.金鸡独立

身体右转90度，右腿向前提膝，同时右手随身势由下向上扬刀，刀把与膝下方相平，刀尖向上，左臂屈肘，左手护右手腕，目视前方。（图60）

36.燕子掠水

右脚向后落一步，身体右转90度，两腿成右仆步，同时右手持刀挽半花，由上向右下方插刀，使刀贴近右腿，刀尖向右，左手向左，展臂亮掌，目视刀尖。（图61）

图 60

图 61

37.抛刀接刀

起身，左脚收于右脚外侧，同时右手向左上方抛刀，左手接刀，然后抬右脚向左跳步，震脚，落于左脚左侧，身体左转90度，两腿成叉步，同时左手持刀向左向下向后撩刀，然后背于臂后，刀刃向后，刀尖向上，右手握拳顺势收于体侧，目视前方。（图62、图63）

图 62

图 63

38.坐山势

抬右脚向左跳步，震脚，左脚向左跨一步，两腿半蹲成马步，同时右拳由右向左向上画弧，然后再由左向右向上画弧，最后上架于头上前方，刀把竖于左膝上方，刀尖向上，目视左侧。（图64）

收 势

收右脚与左脚成并步，右拳由上向下画弧，左手持刀由下向上再往下画弧，然后两臂下垂，左手抱刀，右拳变掌，附于腿侧，目视前方。（图65）

图 64

图 65

少林黑虎刀

动作名称

预备势
1.壮汉劈柴
2.夜叉劈门
3.马上观阵
4.黄蜂入洞
5.童子拜佛
6.肋下插翼
7.刀挑瘟神
8.回头斩将
9.大鹏啄食
10.猛虎望山
11.饿虎等食
12.黑虎拦门
13.白虎望路
14.坐马观阵
15.老虎坐川
16.恶虎奔山
17.猛虎扑羊
18.饿虎吞羊
19.野鹿观月
20.金豹观风
21.雄狮坐山
22.猛虎进洞
23.豹子钻林
24.山羊下坡
25.梅鹿站山
26.猛虎跳涧
27.白虎望川
28.猛虎奔山
29.豹子钻林
30.羚羊献食
31.梅鹿跳涧
32.老猿探山
33.豹子钻林
34.金豹观风
35.山羊下坡
36.黑虎登山
37.野鹿观月
38.小虎迎食
39.雄狮争食
40.大雁落山
41.回身迎敌
42.老虎坐川
43.猛虎扑羊
44.梅鹿跳涧
45.恶虎奔山
46.金豹藏身
47.猛虎转身
48.飞身二起
49.五花坐山
收　势

动作图解

预备势

两脚成八字并立，两臂下垂，左手抱刀，刀刃向前，刀尖向上，右手握拳，下垂于体侧，身体挺直，目视前方。（图1）

1.壮汉劈柴

左脚向左跨一步，两脚蹍地，身体左转90度，左腿屈膝，右腿蹬直，成左弓步，左手挥臂向右云刀，右手接刀后随身由右上向前下方劈，刀刃斜向下，目视刀尖。（图2）

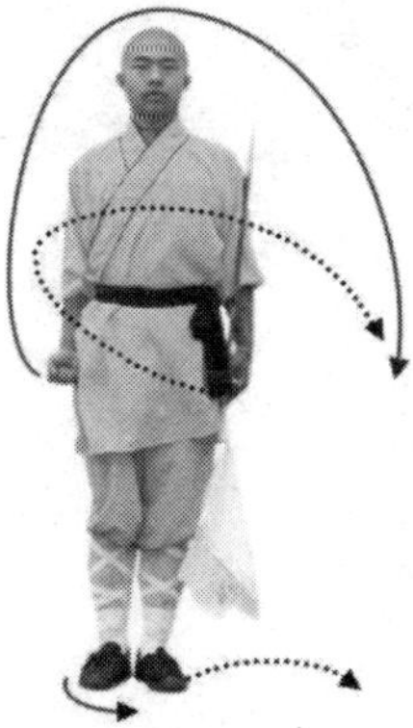

图 1

图 2

2.夜叉劈门

两脚向前踮跳一步，左脚落于右脚前半步，两腿半蹲成虚步，右手持刀由右向左绕头云旋一周，然后向前纵劈，刀刃斜向前，刀尖斜向上，目视前方。（图3）

3.马上观阵

两脚踉地，身体右转90度，两腿成马步，同时右手持刀随身势经身前画弧，劈架于头上，刀刃向下，刀尖向左，左臂屈肘，左掌护于右腋前，掌心向右，掌指向上，目视左侧。（图4）

图 3

图 4

4.黄蜂入洞

身体左转90度，左脚向左后方旋跳落地后，速抬右脚向前上一步，两腿成右弓步，同时右手持刀由前向上向右后方画弧下撩后，迅速向前猛刺，刀刃向下，刀尖向前，左臂随身势屈肘，左掌护于右肋前，掌心向右，掌指向上，目视刀尖。（图5）

5.童子拜佛

左脚向前跳，落于右脚内侧，右脚迅速后弹，成独立势，同时右手持刀由前向右后下方抡撩，然后挑向身前，刀刃向前，刀尖向上，左掌紧护于右手内侧，掌心向右，掌指斜向上，目视前方。（图6）

图 5

图 6

6.肋下插翼

右脚落地后以之为轴，左脚向前跨一步，上体右转45度，两腿成左弓步，同时右手持刀由左向后下画弧，旋刺于左肋下外侧，刀刃向下，刀尖向前，左掌上展于头上左侧，掌心向前，掌指向右，目视右侧。（图7）

7.刀挑瘟神

以两脚为轴，上体左转45度，抬右脚向前上一步，落地后成右弓步，同时右手持刀由前向左后画弧下撩花，挑于前方，刀刃向上，刀尖向前，左掌顺势护于右手腕内侧，掌心向上，掌指向前，目视刀尖。（图8）

图 7

图 8

8.回头斩将

左脚向前上一步，右脚踝地，身体右转180度，两腿变为右弓步，同时右手持刀向里旋腕挽花后，随身势平扫前方，刀刃斜向上，刀尖向前，左手随身势向前推，成立掌，掌心向前，掌指向上，目视刀尖。（图9）

9.大鹏啄食

两脚踝地，身体左转90度，重心左移，右腿仆地，成右仆步，右手持刀向右下方抡劈，刀刃向下，刀尖向前，左掌向左后方上撩，目视刀尖。（图10）

图 9

图 10

10.猛虎望山

起身，两腿成右弓步，同时右手持刀由前向上甩于身后，刀刃向后，刀尖向下，左臂屈肘，左掌护于右肋外侧，掌心向外，掌指斜向上，目视前方。（图11）

11.饿虎等食

左脚向前上一步，成左弓步，右手持刀由后向前画弧上抡，然后刺向前下方，刀刃向下，刀尖向前，左掌扶按于刀背上方，掌心向下，掌指斜向前，目视前下方。（图12）

12.黑虎拦门

右脚向前上一大步，以两脚为轴，身体左转90度，两腿成马步，同时右手持刀随身势画弧，经身前下方向左，然后再向上，由头后向右侧方直刺，刀刃向下，刀尖向右，左手展于左侧方，掌心斜向下，掌指斜向左，目视前方。（图13）

图 11

图 12

图 13

13.白虎望路

以两脚为轴，身体右转180度，左脚向前上一步，两腿成马步，同时右手持刀随身势缠头向左绕一周，架于头前上方，刀刃向上，刀尖斜向左，左臂屈肘，左掌托于刀背下方，掌心向前，掌指向上，目视左侧。（图14）

14.坐马观阵

以两脚为轴，身体左转180度，抬右脚落于左脚内侧多半步，两腿成马步，同时右手持刀随身势画弧抡撩，然后穿向左侧，刀刃斜向下，刀尖斜向左，左臂屈肘，左掌护于右腋前，掌心向右，掌指向上，目视左侧。（图15）

图 14

图 15

15.老虎坐川

右脚向左上一步，身体左转180度，两腿成左弓步，同时右手持刀向上向后画弧抡劈，然后向前穿于头上方，刀刃向上，刀尖向左，左臂屈肘，左掌收护于左肋前侧，掌心向前，掌指斜向上，目视右前方。（图16）

16.恶虎奔山

起身，重心右移，身体右转90度，两腿成右弓步，右手持刀随身势向右后方画弧抡花一圈，然后刺向前方，刀刃斜向下，刀尖斜

向前，左掌随身扶按于刀背上方，掌心斜向下，指掌斜向前，目视前方。（图17）

图 16

图 17

17.猛虎扑羊

两脚向前跳步，落成右弓步，同时右手持刀由前向下向后上方抡转，然后向前下方猛力劈砍，刀刃向下，刀尖向前，左掌撩于身后左侧，掌心斜向上，掌指向后，目视刀尖。（图18）

图 18

18.饿虎吞羊

左脚向前上，落于右脚内侧半步，两腿成马步，右手持刀向后上方画弧，再向身体右前方下劈，刀刃向下，刀尖向前，左掌收于身前左侧，掌心向下，掌指斜向下，目视前方。（图19）

19.野鹿观月

左脚向右上步，落于右脚前方，身体右转90度，右腿提膝，成独立势，右手持刀手腕挽花，然后屈肘挑于右侧，刀刃斜向上，刀尖斜向右，左掌随身势展于头上左侧，掌心向上，掌指斜向右，目视刀尖。（图20）

图 19

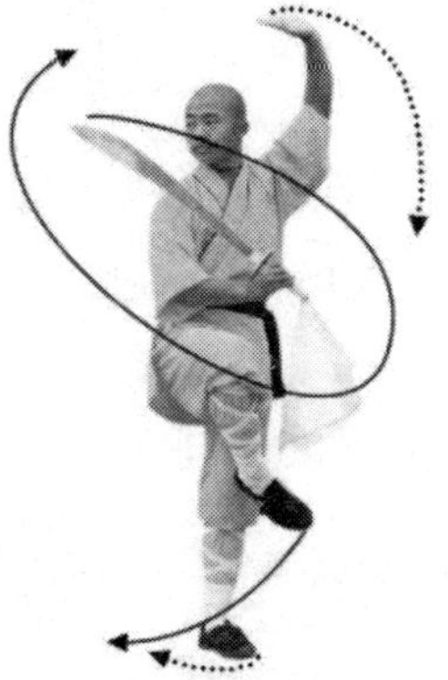

图 20

20.金豹观风

右脚落于右侧一步，以两脚为轴，身体右转90度，左脚迅速离地前移，与右脚并步，同时右手持刀由前向左后方抡撩，然后架挑于头上右侧，刀刃向上，刀尖向后，左掌反甩于身后左侧，掌心向

后，掌指斜向后，目视前方。（图21）

21.雄狮坐山

两脚向前跳一步，身体右转90度，右脚向右跨一步，两腿成马步，同时右手持刀由上向左下画弧抡撩，然后横架于头前上方，刀刃向上，刀尖向左，左臂屈肘，左掌托于刀背下方，掌心向前，掌指向上，目视左侧。（图22）

图 21

图 22

22.猛虎进洞

以两脚为轴，身体左转90度，右脚向前上一步，成右弓步，同时右手持刀由上向右后抡劈，然后撩挑于身前，刀刃向上，刀尖向前，左臂屈肘，左掌护于右臂内侧，掌心向右，掌指向上，目视刀尖。（图23）

23.豹子钻林

两脚向前跳半步，落地后成右弓步，右手持刀挽花推劈于体

前，刀刃向前，刀尖向上，左臂屈肘，左掌护于胸前，掌心向右，掌指斜向上，目视刀背。（图24）

图 23

图 24

24.山羊下坡

两脚向前跳一步，左脚迅速后抬不落地，同时右手持刀在前方经左侧自动挽花，屈肘撩于身前，刀刃向上，刀尖斜向前，左掌甩击于身后左侧，掌心向外，掌指向上，目视刀尖。（图25）

25.梅鹿站山

右腿支撑，左腿提膝，成独立势，右手持刀在身体左侧自动向后挽花，护于身体右侧，刀刃向下，刀尖向前，左臂屈肘，左掌落于左膝外上侧，掌心斜向前，掌指斜向上，目视前方。（图26）

26.猛虎跳涧

左脚落地后以之为轴外旋，身体左转90度，右脚弹起向前一步落地，两腿下蹲，成右仆步，同时右手持刀由前向左后上方画弧抡

转一周，劈于身前下方，刀刃向下，刀尖向前，左掌展于身后左上方，掌心向后，掌指斜向上，目视前方。（图27）

图 25

图 26

图 27

27.白虎望川

起身，两脚蹍地，身体左转90度，收左脚变成虚步，同时右手持刀由后向前上方穿挑，刀刃向前，刀尖向上，左掌扶按刀背，掌心向前，掌指向上，目视前方。（图28）

28.猛虎奔山

右脚向前上一步，成右弓步，同时右手持刀由前向左后下方画弧上抡，然后向前斜劈于身前，刀刃斜向下，刀尖斜向前，左掌扶按刀背，掌心斜向下，掌指斜向前，目视前方。（图29）

图 28

图 29

29.豹子钻林

两脚跳起，前后换步，落地后成左弓步，同时右手持刀拧把向前直刺，刀刃向上，刀尖向前，左掌展于身后左侧，掌心向左，掌指向后，目视刀尖。（图30）

30.羚羊献食

右脚向前上步，落于左脚前方，抬左脚向前弹踢，同时右手持刀由前向右后下方画弧抡撩，然后挑于前方，刀刃向上，刀尖向前，左掌由后收回护于右手腕内侧，掌心斜向右，掌指向上，目视刀尖。（图31）

图 30

图 31

31.梅鹿跳涧

左脚落于右脚前，成左弓步，同时双手抱刀由前向右后下方画弧上撩，再向前上方劈砍，刀刃斜向前，刀尖斜向上，目视前方。（图32）

32.老猿探山

左脚尖内旋，右脚抬起贴向后臀，身体向前斜探，同时右手持刀由前上方向下方撩劈，反腕后刺，刀刃向下，刀尖向后，左掌展于身前左侧，左臂屈肘，左掌护于肩前，掌心斜向前，掌指向上，目视前方。（图33）

图 32

图 33

33.豹子钻林

右脚在左脚前下落，左脚提起落于右脚前一步，两腿成左弓步，右手持刀由后向前挑扎，刀刃向上，刀尖向前，左掌向左后方甩展，掌心向左，掌指向上，目视刀尖。（图34）

34.金豹观风

以两脚为轴，身体右转180度，收右脚并左脚，右手持刀随身势画弧，并甩举于头上右前方，刀刃向上，刀尖向后，左掌甩勾于身后左侧，掌心斜向后，掌指斜向下，目视前方。（图35）

图 34

图 35

35.山羊下坡

右脚向前上步，左脚后撩，右手持刀由上向前方下劈，再迅速拧把，屈肘护于胸前，刀刃向上，刀尖向前，左掌甩展撩于身后，掌心斜向下，掌指向后，目视刀尖。（图36）

36.黑虎登山

左脚在右脚后内侧下落，右脚后退一步成左弓步，右手持刀拧把向前直扎，刀刃向下，刀尖向前，左臂屈肘，左掌护于腰间，掌心向内，掌指向前，目视前方。（图37）

图 36

图 37

37.野鹿观月

右腿提膝，以左脚为轴，身体左转90度，成独立势，同时右手持刀向内旋腕，屈肘抱刀，挑撩于右侧斜上方，刀刃斜向上，刀尖斜向右，左掌上架于头上左侧，掌心斜向前，掌指斜向右，目视刀尖。（图38）

38.小虎迎食

以左脚为轴，身体右转90度，右脚在左脚前半步落地，成高虚步，同时右手持刀由前向右后下方上撩，再画弧劈于身前，刀刃向下，刀尖向前，左臂屈肘收回，左掌护于右肘内侧，掌心向右，掌指向上，目视刀尖。（图39）

图 38

图 39

39.雄狮争食

提右脚向前上半步，成右弓步，左手接刀把，旋腕拧把向前撩扎，刀刃向上，刀尖向前，右掌护于刀柄右侧，掌心斜向左，掌指斜向上，目视刀尖。（图40）

40.大雁落山

左脚跟内旋，右脚前移，重心后移，两腿成右仆步，右手接刀把，拧把下插刀，刀刃斜向前，刀尖斜向上，左掌展于左后方，掌心向外，掌指斜向上，目视刀尖。（图41）

图 40

图 41

41.回身迎敌

起身，两脚同时向右跳转90度，变成马步，同时右手持刀随身势横劈于右上方，刀刃向右，刀尖向上，左掌护于右腋前，掌心向右，掌指向上，目视刀身。（图42）

42.老虎坐川

以两脚为轴，身体右转90度，两脚向前跳步，左腿屈膝，成高仆步，同时右手持刀后甩架于头上，刀刃向上，刀尖向后，左臂屈肘，左掌护于左肋外侧，掌心向前，掌指向上，目视前方。（图43）

图 42

图 43

43.猛虎扑羊

起身，重心前移，成右弓步，右手持刀由后向前猛劈，刀刃向下，刀尖向前，左掌展摆于左后方，掌心斜向上，掌指向后，目视前方。（图44）

44.梅鹿跳涧

右脚后移，左脚上前一步成左弓步，左手向前与右手共同握刀向前上方挑穿，刀刃向前，刀尖向上，目视前方。（图45）

图 44

图 45

45.恶虎奔山

右脚上前一步成右弓步，同时右手抡刀由前向下，再向后上方画弧，下劈于身前，刀刃斜向下，刀尖斜向上，左掌下落扶按刀背，掌心向下，掌指向前，双手向前微推刀身，目视刀尖。（图46）

46.金豹藏身

两脚蹍地，身体左转180度，抬右脚向前上一步，两腿微屈膝成叉步，同时右手持刀由后向前上方穿挑后，再反腕劈于身后，刀刃向下，刀尖斜向右后方，左臂屈肘，左掌护于胸前，掌心向右，掌指向上，目视右后方。（图47）

图 46

图 47

47.猛虎转身

左脚向前上一步，以两脚为轴，身体右转180度，两腿屈膝，成右弓步，同时右手持刀反腕向后方下刺，刀刃向下，刀尖斜向下，左臂屈肘，左掌护于胸前，掌心向右，掌指斜向上，目视刀尖。（图48）

48.飞身二起

左脚向右前方旋踢，右脚迅速离地向右上方弹踢，身体右旋180度，同时左手接刀，屈肘抱于肋间左侧，刀刃向前，刀尖向上，当全身腾空时，迅速出右掌由上向下拍击右脚面，目视右掌。（图49）

图 48

图 49

49.五花坐山

两脚落地后，身体左转90度，两腿成马步，同时左手持刀下落于左侧，并向内抱刀，刀刃向右，刀尖向上，右掌下落后变拳，再向上屈肘架于头上前方，拳心向前，拳眼向左，目视左侧前方。（图50）

图 50

收　势

抬左脚并右脚，抬头挺胸，右拳变掌下垂，附于右腿外侧，掌心向内，掌指向下，左臂屈肘，左手抱刀于左肋外侧，刀刃向前，刀尖向上，目视前方。

少林五虎群羊刀

动作名称

预备势

1.黑虎出林

2.虚步藏刀

3.大鹏展翅

4.二起拍脚

5.缠身劈刀

6.海底捞针

7.弓步劈山

8.猛虎出山

9.凌空飞刺

10.弓步前刺刀

11.缠腕劈刀

12.大舞花刀

13.腾空砍刀

14.迎面格刀

15.虚步背刀

16.左拍脚

17.立步抽刀

18.旋风脚

19.前扫刀

20.后砍刀

21.翻身砍刀

22.虚步亮刀

23.提膝砍刀

24.弓步扫刀

25.接　刀

收　势

动作图解

预备势

两脚成八字并立，身体挺直，左手握刀护于左肋前外侧，刀刃向前，刀尖向上，右手自然下垂，附于右大腿外侧，掌心向内，掌指向下，目视前方。（图1）

1.黑虎出林

右脚向右前方斜上半步，左脚尖外旋，成右弓步，左手移刀抱于胸前，刀刃斜向外，刀尖向左，右掌穿于左侧，掌心向上，掌指向左，目视左侧（图2）；然后右脚抬起，以左脚为轴，身体左转90度，左手持刀向左侧猛扎，刀刃向下，刀尖向左，右掌展于右后上方，掌心向外，掌指向上，目视刀尖（图3）；右脚落于左脚前一步，以两脚为轴，身体右转90度，成右弓步，同时左手持刀收抱于左肋外侧，刀刃向外，刀尖向上，右掌随身势摆穿于身前右上方，掌心斜向上，掌指斜上，目视右前方（图4）。

图 1

图 2

图 3

图 4

2.虚步藏刀

右脚收回与左脚并步，右手随身势收架于头上右侧，掌心向上，掌指斜向左，左手持刀收抱于左肋前，刀刃向前，刀尖向上，目视左侧（图5）；左脚前移半步，屈膝下蹲，成低虚步，右手由上向下护于右腿内侧，手心向左，手指斜向下，左手持刀随身势护于左侧，刀刃向前，刀尖斜向上，目视前方（图6）。

图 5

图 6

3.大鹏展翅

起身，左脚向左前上方踢起，左手持刀向左扎刺，刀刃向下，刀尖向左，右掌向右侧展开，掌心向右，掌指向上，目视前方。（图7）

4.二起拍脚

右脚向右上方弹摆，当全身腾空时，身体右转270度，迅速出右掌由上向下拍击右脚面，左手抱刀护于左肋前，刀刃向左，刀尖向后，目视右脚。（图8）

图 7

图 8

5.缠身劈刀

两脚先后落地，左脚迅速向后撩，上身向前探，左手抱刀护于左肋前侧，刀刃斜向上，刀尖向左，右掌护于右后方，掌心向下，掌指向右，目视右后方（图9）；然后左脚落于右脚后一步，向左转体，以两脚为轴，身体左转90度并前倾，左手抱刀护于左肋外侧，刀刃向外，刀尖斜向上，右掌变拳外展于右侧，目视右上方（图10）；再以两脚为轴，身体左转180度，同时左手持刀护于身前右侧，刀刃向外，刀尖向左下方，右拳变掌护于左手内侧，目视左侧（图11）；两脚向前旋跳，身体左转360度，两腿落成右弓步，同时右手接刀并持刀随身势穿劈于前方，刀刃斜向下，刀尖斜向前，左掌后展于左上方，掌心向上，掌指斜向左，目视刀尖（图12）。

图 9

图 10

图 11

图 12

6.海底捞针

抬左脚落于右脚前外侧，以两脚为轴，身体左转90度，抬右脚落于左脚后外侧，两腿全蹲，成歇步，同时右手持刀随身势下按，左掌下按刀背上，掌心向下，掌指向前，目视左侧（图13）；两脚向右移，成全蹲，左掌扶按刀背，右手向右拉刀，目视左侧（图14）。

图 13

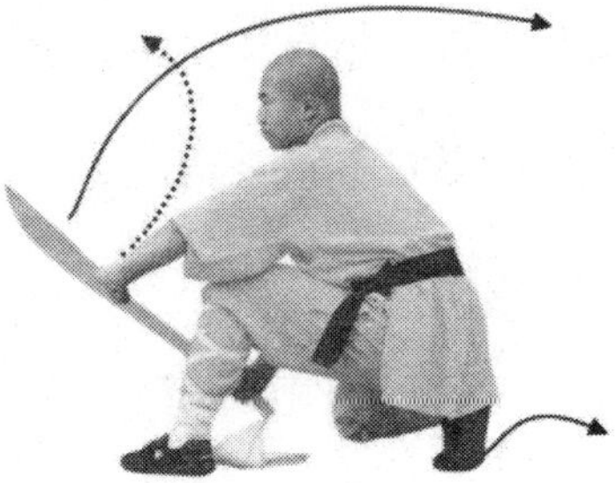

图 14

7.弓步劈山

起身，右脚向右横跨一步，成右弓步，同时右手持刀向右斜劈，刀刃向外，刀尖向上，左掌向左后方上展，掌心向外，掌指向上，目视刀尖（图15）；然后以两脚为轴，身体右转90度，左脚向前上一步，成左弓步，同时左手向前与右手一起握刀向前推，刀刃向前，刀尖向上，目视刀身（图16）。

图 15

图 16

8.猛虎出山

以两脚为轴，身体右转90度，抬左脚落于右脚左侧，成并步，同时右手持刀随身势护于身体左侧，刀刃向外，刀尖向上，左掌向右推，掌心向右，掌指向上，目视右侧（图17）；然后右脚向前上步，以两脚为轴，身体右转90度，成右弓步，同时右手持刀随身势后拉，左掌向左前方推出，掌心向前，掌指向上，目视左掌（图18）；左脚前移，右脚后移，成左虚步，同时右手持刀护于右侧，刀刃斜向下，刀尖斜向前，左掌前推，掌心向前，掌指向上，目视左掌（图19）。

图 17

图 18

图 19

9.凌空飞刺

左腿向前提膝，成独立势，左手回环向前推出，掌心向前，掌指向上，右手持刀随身附于右腿外侧，目视前方（图20）；两脚离地弹起，身体右转90度，左脚向左侧踢出，同时右手持刀向右前方扎刺，左掌向左侧推出，掌心向左，掌指向上，目视刀尖（图21）；落地后，两腿成右弓步，以两脚为轴，身体右转90度，同时右手持刀旋腕刺向前方，刀刃斜向前，刀尖斜向上，左掌后展，掌心向左后方，掌指向上，目视刀身（图22）。

图 20

图 21

图 22

10.弓步前刺刀

以两脚为轴，身体左转180度，两腿成左弓步，同时右手持刀随身势回手挑刺，刀刃向上，刀尖向前，左掌上架于头上，掌心向上，掌指向右，目视刀尖。（图23）

图 23

11.缠腕劈刀

右脚向前上一步，落地为轴，身体左转90度，成左弓步，同时右手持刀缠腕下劈于右下方，刀刃向后，刀尖斜向下，左掌上架于头左侧上方，掌心向左，掌指斜向上，目视右侧（图24）；然后两腿成右仆步，同时右手持刀在身前画弧下劈于右下方，刀刃斜向下，刀尖斜向前，左掌展于左上方，掌心向左，掌指向上，目视刀尖（图25）。

图 24

图 25

12.大舞花刀

起身，两腿成右弓步，右手持刀收于右腰侧，刀刃向下，刀尖向前，左掌变拳，屈肘护于腰间外侧，拳心向下，目视刀尖（图26）；右手持刀再由前向后舞花于右腿前侧，刀刃向左，刀尖向下，左手变掌，目视左下方（图27）；左脚前移半步，身体左转180度，同时右手持刀由左向前向后舞花于身后，刀刃斜向下，刀尖斜向上，左掌护于身后腰间，掌心向下，目视右侧（图28、图29）；以两脚为轴，身体右转180度，成右弓步，右手持刀由后向前舞花于身体右前方，刀刃向下，刀尖向前，左臂屈肘，左掌护于左腰侧，掌心向下，掌指向前，目视前方（图30）；以两脚为轴，身体左转180度，成左弓步，同时右手持刀随身势向前撩挑上刺，左掌向前与右手并握刀把，刀刃向前，刀尖向上，目视前方（图31）。

图 26

图 27

图 28

图 29

图 30

图 31

13.腾空砍刀

提左膝，成独立势，同时右手持刀后抽，刀刃向下，刀尖向前，左掌向前推出，掌心向前，掌指向上，目视前方（图32）；右脚离地弹起，同时右手持刀由前向后砍撩，刀刃斜向外，刀尖向前，左手旋腕向前抓，掌心向前，掌指向上，目视前下方（图33）；两脚前后下落，两腿成左仆步，同时右手持刀由后向前砍旋后抽回，护于身后右侧，刀刃向后，刀尖向下，左掌向左推出，掌心向左，掌指向上，目视前方（图34）。

图 32

图 33

图 34

14.迎面格刀

起身，左脚向前上半步，下落为轴，两腿左旋，身体左转180度，成左高弓步，右手持刀随身势绕头上右旋于左肩后，刀刃向后，刀尖向下，双手共抱刀把，目视左后方。（图35）

15.虚步背刀

右脚向前上一步，两脚踉地，身体左转180度，成左高弓步，右

手背刀于腋下，刀刃向后，刀尖向上，左臂屈肘，左掌护于左肋外侧，掌心向下，掌指向前，目视前方。（图36）

图 35

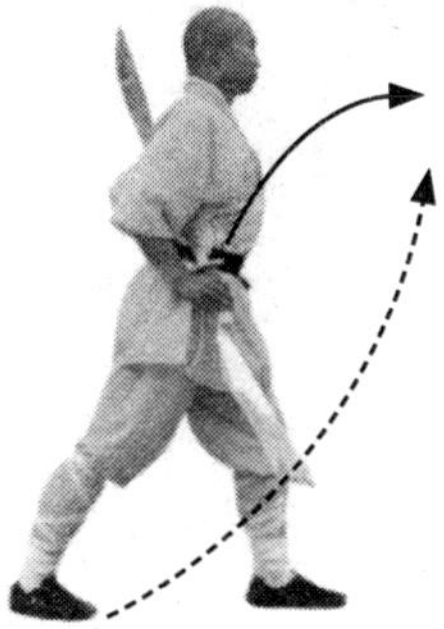
图 36

16.左拍脚

左脚不动，右脚抬起向前上方弹踢，同时出左掌由上向下拍击右脚面，右手持刀不变，目视左掌。（图37）

17.立步抽刀

右脚落于左脚前半步，右手持刀由后向前抽于右腋下，刀刃向下，刀尖向后，左臂屈肘，左掌护于右腋下，掌心向右，掌指向上，目视前方。（图38）

18.旋风脚

两脚跳起，向左上方旋踢，身体左转180度，迅速出左掌，由左向右拍击右脚掌内侧，右手持刀随身势旋于头上方，刀刃向上，刀尖向前，目视前方。（图39）

图 37

图 38

图 39

19.前扫刀

两脚前后下落，身体左转180度，成左弓步，同时右手持刀旋腕扫于左肋外侧，刀刃向前，刀尖向上，左掌向前推出，掌心向前，掌指向上，目视前方（图40）；两脚跳起，身体左转180度，落地后，两腿成左弓步，右手持刀随身势扫于左肋外侧，刀刃向外，刀尖向上，左掌环架于头上左侧，掌心向外，掌指斜向上，目视右下方（图41）；然后两脚旋跳，身体左转180度，两腿成左弓步，右手持刀随身势旋扫于左肋间外侧，刀刃斜向外，刀尖斜向上，左掌环架于头上左侧，掌心斜向左，掌指斜向上，目视右侧（图42）。

图 40

图 41

图 42

20.后砍刀

右脚向前上步，落于左脚前，左脚向右退一步，成倒叉步，右手持刀由左向右旋腕斜砍，刀刃向下，刀尖向右，左掌展于左侧，掌心向左，掌指向上，目视刀尖（图43）；两脚向右移步，步势不变，右手继续向右刺砍，刀刃斜向右，刀尖向上，左掌不变，目视刀尖（图44）；两脚继续向右移步，右手继续抽砍，原势不变，目视刀身（图45）。

图 43

图 44

图 45

21.翻身砍刀

两脚跳起，身体右转90度，前后换步落成右弓步，右手抽刀再向前砍，刀刃向前，刀尖向上，左掌后展，掌心向后，掌指向上，目视前方。（图46）

22.虚步亮刀

右脚后退，身体左转90度，右脚点地成丁步，右手持刀旋腕收护于右前方，刀刃向左，刀尖向上，左掌收回护于右手腕上部，目视刀身（图47）；抬右脚落于左脚前，两腿成弓步，左手不变，右手持刀随身势前砍，刀刃向前，刀尖向上，目视刀身（图48）；左脚前移半步，屈膝成虚步，同时右手持刀画弧向前上方穿刺，左掌紧随右手一起握刀，刀刃向前，刀尖向上，目视前方（图49）。

图 46

图 47

图 48

图 49

23.提膝砍刀

以右脚为轴，抬左腿成独立势，身体左转90度，右手持刀向前穿刺，左掌上架于头上左侧，掌心向上，掌指向右，目视前方。（图50）

24.弓步扫刀

左脚落地为轴，抬右脚，身体左转90度，右脚落在左脚前，成右弓步，同时右手持刀向前挑刺，刀刃斜向下，刀尖斜向上，左掌后展，掌心向上，掌指斜向后，目视刀尖（图51）；左脚尖左旋，身体左转90度，成左弓步，同时右手持刀向左侧旋扫，护于左肋外侧，刀刃向外，刀尖向后，左掌旋腕环架于头上左侧，掌心斜向上，掌指向右，目视右侧（图52）；左脚尖内旋，身体右转90度，成右弓步，同时右手持刀随身势向右前方扫扎，刀刃斜向下，刀尖斜向上，左掌后展，掌心向后，掌指向上，目视前方（图53）。

图 50

图 51

图 52

图 53

25.接　刀

右脚收回半步，身体左转90度，右手将刀从左侧抛向空中，左手接把，掌心向上，掌指向上，右手掌心斜向下，收于右髋外侧，目视刀把。（图54）

图 54

收　势

收右脚成八字并立，身体挺直，左手反手握刀护于左臂外侧，刀刃向外，刀尖向上，右手附于右腿外侧，掌心向内，掌指向下，目视前方。（图55）

图 55